A ÁFRICA QUE VOCÊ FALA

CLAUDIO FRAGATA

Copyright © 2015 Editora Globo S.A.
Copyright do texto © 2015 Claudio Fragata
Copyright das ilustrações © 2015 Mauricio Negro

Todos os direitos reservados. Nenhuma parte desta obra pode ser apropriada e estocada em sistema de banco de dados ou processo similar, em qualquer forma ou meio, seja eletrônico, de fotocópia, gravação etc., sem a permissão dos detentores dos *copyrights*.

Editor responsável: Lucas de Sena Lima
Assistente editorial: Jaciara Lima da Silva
Revisão: Isis Batista
Ilustrações: Mauricio Negro

Texto fixado conforme as regras do Acordo Ortográfico da Língua Portuguesa (Decreto Legislativo nº 54, de 1995).

CIP-BRASIL. CATALOGAÇÃO NA PUBLICAÇÃO
SINDICATO NACIONAL DOS EDITORES DE LIVROS, RJ

Fragata, Claudio, 1952-
F871a A África que você fala / Claudio Fragata ; ilustração Mauricio Negro. - 1. ed. - Rio de Janeiro : Globinho, 2020.
32 p. ; 23 cm.

ISBN 978-65-5567-007-3

1. Poesia. 2. Língua portuguesa - Brasil - Estrangeirismos africanos - Literatura infantojuvenil. 3. Literatura infantojuvenil brasileira. I. Negro, Mauricio. II. Título.

CDD: 808.899282
20-63957   CDU: 82-93(81)

1ª edição, 2020 – 6ª reimpressão, 2025

Editora Globo S.A.
Rua Marquês de Pombal, 25
Rio de Janeiro — RJ — 20230-240 — Brasil
www.globolivros.com.br

Este livro foi composto na fonte Peixe Frito e impresso em papel couché fosco 170g/m² na Coan.
Tubarão, Brasil, janeiro de 2025.

A ÁFRICA QUE VOCÊ FALA

CLAUDIO FRAGATA

GLOBINHO

MUITAS PALAVRAS QUE VOCÊ FALA VIERAM DO LADO DE LÁ DO OCEANO, CHEIAS DE **DENGO** E DE **GINGA**, FALADAS NO CONTINENTE AFRICANO.

ELAS VIERAM DE TANTOS LUGARES, ANGOLA, MOÇAMBIQUE, CONGO, PORQUE ERAM MUITOS OS FALARES: IORUBÁ, QUIMBUNDO, QUICONGO.

PALAVRAS QUE AGORA VOCÊ DIZ
E NEM LEMBRA QUE VIERAM DE LÁ,
PORQUE JÁ SÃO MUITO NOSSAS,
XINXIM, FAROFA, FUBÁ.

QUER PALAVRA MAIS BRASILEIRA DO QUE A PALAVRA **BANANA**? FIQUE SABENDO, VEIO DA GUINÉ, É UMA PALAVRA AFRICANA.

FUZUÊ, QUIZUMBA, GANDAIA,

TRÊS PALAVRAS PARA CONFUSÃO. E VOCÊ ENTENDE TODAS ELAS SEM PRECISAR DE TRADUÇÃO.

NEM TODA BAGUNÇA É RUIM,
NEM TODA BAGUNÇA É FUÁ,
SÓ QUANDO A ZOEIRA É MUITA,
A BAGUNÇA VIRA BAFAFÁ.

VOCÊ TEM UM PEZINHO NA ÁFRICA,
SE VAI À PRAIA DE **CANGA**.
VOCÊ TEM DOIS PEZINHOS NA ÁFRICA,
SE USA UM COLAR DE **MIÇANGA**.

QUANDO VOCÊ TIRA UM **COCHILO**,
MAMÃE ÁFRICA VEM ACALENTAR.
QUANDO BATE AQUELE **BANZO**,
MAMÃE ÁFRICA VEM CONSOLAR.

DA ÁFRICA VEIO MUITO CARINHO.
QUE É BOM DEMAIS, É OU NÃO É?
QUEM NÃO GOSTA DE UM XODÓ,
QUEM NÃO QUER UM CAFUNÉ?

VOCÊ É UM POUCO AFRICANO QUANDO FOGE DE MARIMBONDO OU SEMPRE QUE SE ASSUSTA QUANDO VÊ UM CAMUNDONGO!

ESSE **MOLEQUE** NÃO SE AQUIETA,
COMO GOSTA DE **MUVUCA**!
VENHA AQUI, NÃO SAI DE PERTO,
QUE EU VOU CHAMAR A **CUCA**!

BUNDA TAMBÉM VEIO DA ÁFRICA, PALAVRA IMPORTANTE DE USAR, SEM ELA NINGUÉM TERIA **BUNDA** PARA SENTAR!

NAS ONDAS DO OCEANO ATLÂNTICO,
PALAVRAS GOSTOSAS VIERAM PARA CÁ,
GARAPA, ABARÁ, CANJICA,
MOCOTÓ, MOQUECA, VATAPÁ.

E TODAS CHEGARAM PARA FICAR,
ACARAJÉ, QUINDIM, DENDÊ...
ESQUEÇA O MAR QUE NOS SEPARA:
A ÁFRICA ESTÁ PERTINHO DE VOCÊ!

CLAUDIO FRAGATA

nasceu em Marília (SP), em 1952, e mora em São Paulo na companhia dos gatos Fellini, Sushi, Filé e Mignon. Ministra oficinas de literatura infantil e publicou vários livros, entre eles, *Alfabeto escalafobético*, vencedor do Prêmio Jabuti. Pela Globinho, publicou *Uma história bruxólica* (2012) e *O Tupi que você fala* (2015), livro selecionado pela campanha Leia para uma Criança 2019, do Banco Itaú. Para saber mais, visite o site do autor.
www.claudiofragata.com.br

MAURICIO NEGRO

é ilustrador, escritor e designer gráfico identificado com temas ancestrais, ambientais, identitários e ligados à diversidade cultural e artística brasileira. Participante de muitas exposições, catálogos e eventos, recebeu prêmios e menções no Brasil e no exterior. Do mesmo Claudio Fragata, ilustrou antes o livro *O tupi que você fala*.